BEI GRIN MACHT SICH IHR WISSEN BEZAHLT

- Wir veröffentlichen Ihre Hausarbeit, Bachelor- und Masterarbeit

- Ihr eigenes eBook und Buch - weltweit in allen wichtigen Shops

- Verdienen Sie an jedem Verkauf

Jetzt bei www.GRIN.com hochladen und kostenlos publizieren

GRIN

Bibliografische Information der Deutschen Nationalbibliothek:

Die Deutsche Bibliothek verzeichnet diese Publikation in der Deutschen National-bibliografie; detaillierte bibliografische Daten sind im Internet über http://dnb.d-nb.de/ abrufbar.

Impressum:

Copyright © 2019 GRIN Verlag
Druck und Bindung: Books on Demand GmbH, Norderstedt Germany
ISBN: 9783346035622

Dieses Buch bei GRIN:

https://www.grin.com/document/502829

Teresa Neureiter

Der Einfluss von Cannabis auf das Leben Jugendlicher

GRIN Verlag

GRIN - Your knowledge has value

Der GRIN Verlag publiziert seit 1998 wissenschaftliche Arbeiten von Studenten, Hochschullehrern und anderen Akademikern als eBook und gedrucktes Buch. Die Verlagswebsite www.grin.com ist die ideale Plattform zur Veröffentlichung von Hausarbeiten, Abschlussarbeiten, wissenschaftlichen Aufsätzen, Dissertationen und Fachbüchern.

Besuchen Sie uns im Internet:

http://www.grin.com/

http://www.facebook.com/grincom

http://www.twitter.com/grin_com

Gymnasium Achern

Seminarkurs „Kindheit und Jugend"

Schuljahr 2018/ 2019

Seminararbeit zum Thema

GEFÄHRLICHE VERSUCHUNG

Inwiefern nimmt Cannabiskonsum Einfluss auf Jugendliche?

<u>vorgelegt von:</u>

Teresa Neureiter

<u>Abgabefrist</u>: 07. Juni 2019

Inhaltsverzeichnis

I Einleitung

Seit der Mitte der 60er Jahre begann sich das „New Age" auszubreiten: Nach dem Vorbild der US-amerikanischen Hippies war nun auch in Deutschland die Rede von „freier Liebe" und berauschenden Drogen. Jugendliche gründeten Gegenbewegungen und stellten sich bewusst gegen das Establishment. Ausdruck der jungen Auflehnung war der demonstrative Konsum von Cannabis.[1] Aus der frühen „Drogenwelle" ist inzwischen längst eine Dauererscheinung geworden. In der öffentlichen Diskussion um die Legalisierung von Cannabis wird insbesondere die Frage nach dem Gefährdungspotential der Droge für Jugendliche kontrovers diskutiert.

Dieses Thema habe ich mir ausgesucht, da insbesondere in meinem Freundeskreis immer häufiger Cannabis konsumiert wird, ohne über mögliche Risiken der Substanz aufgeklärt zu sein. Demnach untersuche ich in der vorliegenden Seminararbeit, inwiefern der Konsum von Cannabis auf das Leben von Jugendlichen Einfluss nimmt. Hierbei lege ich Schwerpunkte auf langfristig psychische sowie psychosoziale Konsequenzen, da diese für das Leben eines heranwachsenden Jugendlichen besonders nachhaltig sein können.

Um meine Recherche zu konkretisieren, beziehe ich mich auf die Definition des Jugendstrafrechts, das Personen im Alter von 14 bis 20 Jahren als jugendlich bzw. heranwachsend definiert.[2] Räumlich sowie zeitlich beschränke ich mich auf Deutschland im Zeitraum von etwa 1997 bis 2018. Unter Cannabiskonsum verstehe ich die strafrechtlich relevante Beschaffung und Zuführung von Cannabis als Rauschmittel im Sinne des Betäubungsmittelgesetzes und schließe somit die Verwendung des medizinischen Cannabis' aus; gleiches gilt für den illegalen Handel mit Cannabis.

---

[1] Cannabis gehört zur Gattung der Hanfgewächse und enthält psychoaktive Stoffe wie Tetrahydrocannabinol, kurz THC. Konsumiert wird meist Marihuana oder Gras; beides sind Bezeichnungen für getrocknete Blüten der weiblichen Hanfpflanze. Haschisch ist das Harz der weiblichen Hanfpflanze und hat einen höheren Wirkstoffgehalt.

[2] vgl. Wikipedia: Jugendstrafrecht (Deutschland). 2018. <https://de.wikipedia.org/w/index.php?title=Jugendstrafrecht_(Deutschland)&oldid=180538680> (31.01.19)

II Cannabiskonsum- Verbreitung und Häufigkeit

2.1 Lebenszeitprävalenz des Cannabiskonsums unter Jugendlichen

Cannabis ist die in Deutschland mit Abstand am häufigsten konsumierte illegale Droge unter Jugendlichen.[3] Um die Entwicklung der Anzahl von Jugendlichen bzw. jungen Erwachsenen unter den Cannabiskonsumenten über mehrere Jahre zu betrachten, ziehe ich zwei Statistiken der Bundesregierung heran (siehe Anhang):

Abbildung 1 (Konsum von Cannabis bei Jugendlichen, 2016, Alkoholsurvey)

Abbildung 2 (Konsum bei jungen Erwachsenen, 2016, Alkoholsurvey)

Die Grafiken zeigen die Entwicklung der Lebenszeitprävalenz des Cannabiskonsums unter deutschen Jugendlichen und jungen Erwachsenen im Zeitraum von 1993 bis 2016.[4] Beide Kurvendiagramme geben Auskunft über unterschiedliche Konsummuster, welche in Konsumhäufigkeit in den letzten 30 Tagen, in den letzten 12 Monaten und in regelmäßigen Konsum unterteilt sind.

Aus Abbildung 1 geht hervor, dass die Konsumhäufigkeit bei 12-17 jährigen Jugendlichen seit 1993 kontinuierlich anstieg. Ihren Höhepunkt hatte sie im Jahre 2004 mit 15,1%. Von diesem Prozentanteil haben ein Drittel mindestens einmal in zwölf Monaten Cannabis konsumiert, wobei 10% regelmäßig konsumieren. Seit 2014 sank die Anzahl der Konsumenten stetig, stieg ab 2011 wieder leicht an und stabilisierte sich 2016 bei 8,3%. Es fällt auf, dass die Kurven, die den regelmäßigen bzw. täglichen Konsum beschreiben, über mehrere Jahre ähnliche Werte aufweisen. Der größte Anteil von Jugendlichen, die in den letzten 30 Tagen Cannabis konsumiert haben, lag im Jahr 1997 bei 4,8 %. Ein intensives Konsummuster wie regelmäßiger Konsum nimmt den kleinsten Anteil an; er liegt im Jahr 2016 bei 1,4%. Aus der Abbildung geht hervor, dass Cannabis nicht mehr die Beliebtheit zukommt, wie noch in den Jahren davor. Heutzutage kann man Cannabis eher als Gelegenheitsdroge einstufen.

Vergleicht man diese Entwicklung mit der von jungen Erwachsenen im Alter von 18-25 Jahren fällt auf, dass sich unter älteren Jugendlichen deutlich höhere Prävalenzraten finden. 1993 hatten 23 % der 18-24 jährigen Erfahrungen mit Cannabis gemacht, 2004 waren es schon 43%. Zudem gibt es mehr junge Erwachsene, die gelegentlich bzw.

---

[3] Jiménez, Fanni: Diese Drogen werden in Deutschland am meisten konsumiert. In: welt.de 2017. <https://www.welt.de/gesundheit/article165805929/Diese-Drogen-werden-in-Deutschland-am-meisten-konsumiert.html> (01.06.19)
[4] Vgl. Bundesministerium für Gesundheit: Drogen- und Suchtbericht. Berlin 2018. <https://www.drogenbeauftragte.de/fileadmin/dateien-dba/Drogenbeauftragte/Drogen_und_Suchtbericht/pdf/DSB-2018.pdf> S. 87 (04.05.19)

regelmäßig konsumieren. Im Folgenden wird untersucht, ob die Abnahme der Anteile bei jungen Cannabiskonsumenten durch das Umsteigen auf härtere Drogen erklärt werden kann, die so genannte Schrittmacherfunktion von Cannabis.

2.2 Schrittmacherfunktion

Die „Schrittmacherthese" spielt in der deutschen drogen-politischen Diskussion eine wichtige Rolle und ist eines der bekanntesten Argumente gegen Cannabis. Sie besagt, dass Cannabis als Einstiegsdroge gelten kann, von der aus junge Menschen nach und nach auf härtere Drogen umsteigen. Obwohl diese These in der wissenschaftlichen Literatur sehr umstritten ist, gibt es einen Zusammenhang zwischen Cannabiskonsum und dem Konsum weiterer Drogen. Dieser besteht darin, dass Personen, die eine Drogensequenz bis zur Opiatabhängigkeit durchlaufen haben, in der Regel Cannabis als erste illegale Droge konsumiert haben.[5] Außerdem lässt sich zeigen, dass Cannabiskonsumenten eher weitere illegale Drogen konsumieren als Cannabis-abstinente.[6] Hierbei gilt: je höher die Konsumfrequenz, d.h. je stärker der Jugendliche in den Konsum eingebunden ist, desto höher ist auch die individuelle Wahrscheinlich-keit, weitere illegale Drogen zu konsumieren.

Doch wie erklärt sich dieser Zusammenhang? Eine vertretene These in der Literatur ist die Möglichkeit einer „sozial- und milieugeprägten Abfolge der Drogenwahl".[7] Dabei bestimmen nicht die Wirkung von Cannabis, sondern historische und kulturelle Faktoren die übliche Drogensequenz. Möglicherweise erleichtert der illegale Drogenmarkt, in dem sich ein Cannabiskonsument befindet, den Zugang zu weiteren illegalen Substanzen. Diese Verbindung ist heutzutage in Frage zu stellen, da man im Bezug auf Cannabis nicht mehr von einem subkulturellen Drogenmilieu sprechen kann.[8] Vielmehr ist Cannabiskonsum inzwischen weitgehend in den Alltag Jugendlicher integriert, so dass eher von einer „faktischen Normalisierung des Cannabisgebrauchs im Rahmen einer sich konsolidierenden Alternativszene"[9] die Rede ist. Mit dieser Entwicklung verbunden ist die Tatsache, dass Cannabis in der Regel privat über

---

5 Vgl. Kleiber, Dieter; Kovar, Karl-Artur: Auswirkungen des Cannabiskonsums. Eine Expertise zu pharmakologischen und psychosozialen Konsequenzen. Stuttgart: Wissenschaftliche Verlagsgesellschaft mbH 1998, S. 180
6 Vgl. ebd., S.180
7 Ebd., S. 181
8 Vgl. ebd., S.182
9 Ebd., S. 182

Freunde oder Bekannte und nicht in der öffentlichen Drogenszene gekauft wird. Demnach kann die Gefahr, dass ein gemeinsames, subkulturellen Drogenmilieu den Umstieg von Cannabis auf härtere Drogen erleichtere, als gering eingeschätzt werden.[10]

Die Annahme, Cannabis sei eine typische Einstiegsdroge für den Gebrauch härterer Drogen, kann nach heutigen wissenschaftlichen Erkenntnissen als nicht belegt gelten. Zwar findet sich ein geringer Zusammenhang zwischen Cannabiskonsum und dem Konsum härterer Drogen, doch es gilt: „je negativer die vorherrschende Einstellung gegenüber harten Drogen und je strikter die Trennung zwischen weichen und harten Drogen sind, desto geringer ist die Wahrscheinlichkeit des Übergangs von Haschisch auf Heroin"[11].

III Cannabis als Rauschmittel

3.1 Effekte und Wirkmechanismen

> Ein Gefühl der Unbefangenheit überkam mich. Mein Einfühlungsvermögen in andere war verbessert. Ich konnte mich herrlich in allen Sprachen unterhalten. Ich liebte alle Anwesenden und hatte Zuneigung zu denen, die ich sonst nicht leiden mag. Ich empfand ein starkes Glücksgefühl und ein fast schon unerträgliches Wohlbehagen machte sich breit.[12]

So beschreibt ein junger Cannabiskonsument seinen angenehmen Marihuana-Rausch. Die individuelle Wirkung von Cannabis ist abhängig von den jeweiligen Konsumbedingungen, von der Einstellung und den Erwartungen des Konsumenten and den Rausch, von der Gebrauchshäufigkeit und auch von der aufgenommenen Wirkstoffmenge, und kann demnach auch als unangenehm empfunden werden. Wird Cannabis geraucht, setzt die Wirkung nach wenigen Minuten ein und dauert im Durchschnitt bis zu vier Stunden. Bei oraler Einnahme hingegen setzt die Wirkung erst nach einer bis drei Stunden ein, hält bis zu acht Stunden an, weshalb die Gefahr einer Überdosierung besteht. Während eine geringe Menge (50 µg/kg gerauchtes oder 120 µg/kg oral aufgenommes THC) eine „milde Sedation und Euphorie hervor[ruft]"[13], wird bei

---

[10] Vgl. Kleiber/Kovar (1998), S.182
[11] Ebd., S. 181-182
[12] Ebd., S. 20
[13] Ebd., S. 19

erhöhter Dosis eine Wahrnehmungs- und Zeitstörung beobachtet. Ab 300 μ/kg gerauchtes oder 600 μ/kg oral aufgenommenes THC treten unangenehme Begleiterscheinungen und „dysphorische Zustände" wie Übelkeit, Erbrechen, Schwindel und Reizhusten auf.[14]

Cannabis zeigt bei Menschen ein vielfältiges Wirkungsspektrum, welches im Folgenden ausgeführt wird.

3.2 Physische Wirkungen des Cannabiskonsums

Die akute Rötung der Bindehaut ist die von außen sichtbarste körperliche Wirkung. Außerdem kommt es nach dem Konsum von Cannabis sehr schnell zu einer Erhöhung der Herzfrequenz und zu einem Anstieg des Blutdruckes im Liegen, was, insbesondere nach höheren Dosen, zu Schwindelgefühlen beim schnellen Aufstehen führen kann. Eine Toleranzentwicklung stellt sich bei chronischem Konsum ein und die Verhältnisse werden umgekehrt. Diese körperlichen Wirkungen können für Personen mit vorgeschädigtem Herz-Kreislauf-System gefährlich werden. Da Cannabis üblicherweise in Form eines Joints geraucht wird, sind Schädigungen der Atemwege aufgrund der additiven Effekte von Tabak und Marihuana wahrscheinlich.[15] In einigen Studien wurde festgestellt, dass starke Cannabis-Raucher ein „gehäuftes Auftreten von chronischer und akuter Bronchitis [...], Entzündungen der Nasen-und Schleimhäute sowie [eine leichte Verengung der Atemwege]"[16] aufweisen. Des Weiteren ist das Lungenkrebsrisiko gegenüber Rauchern um das Fünf- bis Zehnfache erhöht, was wahrscheinlich auf den hohen Teergehalt der Droge zurückzuführen ist. Cannabis kann zu Leberschäden führen.

Während des Cannabis-Rauschs können zusätzlich unerwünschte körperliche Effekte wie ein trockener Mund, Reizhusten, Kopfschmerzen, Müdigkeit und Gangunsicherheit auftreten.[17] Diese Wirkungen werden gehäuft beim erstmaligen Konsum beobachtet. Eine akute vorübergehende Cannabis-Intoxikation durch hohe THC-Dosen macht sich

---

[14] Vgl. Kleiber/Kovar (1998), S. 20
[15] Vgl. ebd., S. 57
[16] Ebd., S. 56
[17] Vgl. Van Treeck, Bernhard (Hrsg.): PARTYDROGEN. ALLES WISSENSWERTE ZU ECSTASY, SPEED, LSD, CANNABIS, KOKAIN, PILZEN UND LACHGAS. Berlin: Schwarzkopf & Schwarzkopf Verlag GmbH 1997, S. 184

durch ein Kältegefühl, Schwindel, Übelkeit, Standschwäche und durch einen beschleunigten Puls bemerkbar und klingt nach drei bis sechs Stunden ab.[18] Eine tödliche Überdosierung und schwerwiegende körperliche Schäden durch Cannabis wurde bisher nicht eindeutig dokumentiert.

3.2.1 Neurokognitiven Effekte

Statistisch betrachtet rauchen Jugendliche in Deutschland ihren ersten Joint mit 16,7 Jahren. Jugendliche Cannabis-Konsumenten machen vermutlich bereits mit 15 Jahren oder früher ihre erste Erfahrung mit Cannabis.[19] In diesem Alter befinden sie sich in der Pubertät; eine wichtige Phase ihrer körperlichen, psychischen und kognitiven Entwicklung. Im Gehirn bilden sich neue Strukturen, „an denen das körpereigene Endocannabinoid-System beteiligt ist"[20]. Konsumieren Jugendliche Cannabis, so hat der Cannabiswirkstoff THC negative Auswirkungen auf die Entwicklung des Gehirns. Derartige Veränderungen in der Gehirnstruktur haben kognitive Leistungsein-schränkungen und „Entwicklungsdefizite im emotional-sozialen Bereich"[21] zu Folge. In welchem Maße diese den einzelnen beeinträchtigen, hängt auch von der Intensität des Konsums ab. In der Literatur wird davon ausgegangen, dass leichterer bis mittlerer Konsum (mehrmals wöchentlicher Konsum) keine länger anhaltenden kognitiven Beeinträchtigungen nach sich ziehen.[22] Gedächtnis- und Aufmerksamkeitsprobleme werden häufig bei schweren Konsumformen (über einen längeren Zeitraum mehrmals täglich) festgestellt. Aus Tierexperimenten und aus Untersuchungen mit Menschen ist bekannt, dass kognitive Defizite auch nach Abstinenz nicht mehr verschwinden.

---

[18] Vgl. Kleiber/Kovar (1998), S. 19
[19] Vgl. Topthema. Hirnveränderungen durch frühen Einstieg in das Kiffen. In: drugcom.de 2012. <https://www.drugcom.de/topthema/hirnveraenderungen-durch-fruehen-einstieg-in-das-kiffen/> (26.04.19)
[20] Topthema. Cannabis stört die Hirnentwicklung Jugendlicher. In: drugcom.de 2017. <https://www.drugcom.de/topthema/cannabis-stoert-die-hirnentwicklung-jugendlicher/> (27.04.19)
[21] Bundeszentrale für gesundheitliche Aufklärung: Der Cannabiskonsum von Jugendlichen als Herausforderung für die pädagogische Arbeit. Berlin 2007. <https://www.bzga.de/fileadmin/user_upload/PDF/themenschwerpunkte/suchtpraevention/arbeitshilfe_cannabis--cd12916f996f28ec84dc2e9a92be61c9.pdf> (27.04.19)
[22] Vgl. Kleiber/Kovar (1998), S. 244

3.3 Psychische Wirkungen

Das Spektrum der psychischen Wirkungen ist stark von der Dosierung abhängig. In schwacher Dosierung wirkt Cannabis zuweilen psychostimulierend. Wie bereits erwähnt ist eine als angenehm empfundene Rauschwirkung die hervorgerufene milde Sedation und Euphorie. Bei chronischen Konsumenten macht sich die Euphorie in Form von ausgelassener Albernheit breit.[23] Des Weiteren erfahren Personen im Cannabisrausch ein entspanntes Wohlempfinden, eine subjektiv gesteigerte Gefühlsintensität, ein verlangsamtes Zeitgefühl und eine Verstärkung von Sinneseindrücken.[24] Die Geschmackswahrnehmung wird sehr intensiviert und es kommt häufig zu einer Appetitsteigerung. Im Cannabisrausch ist die Konzentrationsfähigkeit herabgesetzt und es zeigen sich Leistungseinbußen im Bereich Gedächtnis, Reaktionsfähigkeit, Aufmerksamkeit und Wahrnehmung.[25] Es muss davon ausgegangen werden, dass im akuten Cannabisrausch die Fahrtüchtigkeit Jugendlicher stark beeinträchtigt ist. Überdies ist führt das Fahren im Cannabis-Rausch zum Entzug des Führerscheins.

Denken verliert seinen Sinnzusammenhang; assoziatives Denken überwiegt.[26] Einschränkungen der kognitiven Leistungsfähigkeit können Stunden bis Tage bestehen, klingen aber nach Absetzen des Konsums ab. In Folge höherer Dosierung löst Cannabis Müdigkeit und Schläfrigkeit aus und es werden oftmals psychodelische Wirkungen hervorgerufen: Töne und Farben werden intensiver wahrgenommen, Nebenreize bekommen mehr Bedeutung und Bewegungen scheinen verlangsamt.[27] Bei hohen Dosen kann der Cannabiskonsum zu „Halluzinationen und zu Depersonalisationserlebnissen"[28] führen. Dysphorische Zustände können, insbesondere bei unerfahrenen Konsumenten, zu akuten Panikreaktionen und leichten paranoiden Zustände führen.[29]

---

[23] Vgl. Köhler, Thomas: Rauschdrogen und andere psychotrope Substanzen – Formen, Wirkungen, Wirkmechanismen; Kohlhammer; Stuttgart, Berlin, Köln 2000, S. 139
[24] Vgl. Kleiber/Kovar (1998), S. 240
[25] Vgl. ebd., S. 247
[26] Vgl. ebd. S. 242
[27] Vgl. Von Berg, Tina: Cannabiskonsum. Auswirkungen und Risiken. 2003. <https://www.hausarbeiten.de/document/60377> (04.05.19)
[28] Kleiber/Kovar (1998), S. 240
[29] Vgl. ebd., S. 241

IV Konsummuster

Ausgehend neueren Ansätzen der Drogenforschung stellt man fest, dass die Substanz Cannabis durchaus „weiche" Konsummuster eher zulässt als die „harte" Droge Heroin. Das heißt, Cannabiskonsum führt weder schnell noch zwangsläufig zur Abhängigkeit.[30] Der Erstkonsum von Cannabis ist zumeist ein Probier- oder Experimentierkonsum, mit dem Jugendliche ihre Neugier und individuelle Konsumbereitschaft ausprobieren. Meist liegt bei Probierkonsum eine Bezugsgruppe zugrunde, in denen cannabis-konsumierende Mitglieder genussvollen Konsum präsentieren. Wenn Cannabiskonsum im sozialen Bezugssystem nicht üblich ist, stellen junge Erstkonsumenten den Konsum „nach einer mehr oder weniger ausgiebigen Experimentierphase wieder [ein]"[31].

Gelegenheitskonsum zeichnet sich durch den nur an Partys oder bestimmten Freizeitaktivitäten stattfindenden Cannabiskonsum aus. Den Konsumenten geht es hauptsächlich um eine Steigerung des eigenen Wohlbefindens oder um Lustgewinn. Gelegenheitskonsumenten sind psychosozial unauffällige und integrierte junge Menschen, welche in der Regel die gesellschaftlich anerkannten Werte und Normen teilen und einen hohen sozioökonomischen Status aufweisen.[32] Sobald der Konsum jedoch eine ganz alltägliche Bedeutung gefunden hat, findet häufig eine Abgrenzung gegenüber anderen statt.

> Ich habe mich eben nicht zur Durchschnittsjugend gezählt. [...] Ich habe das Gefühl gehabt, ich stehe über den anderen spießigen Leuten, der anderen Jugend. Ich dachte, ich bin eben etwas anderes, was Besonderes, was Besseres.[33]

Gewohnheitskonsumenten zeichnen sich dadurch aus, dass Cannabis regelmäßig, d.h. mehrmals in einer Woche bis täglich zu bestimmten Situationen des Alltags konsumiert wird. Betroffene Jugendliche werden ein Teil der Drogenszene und haben somit auch ein höheres Risiko, wegen des Besitzes eines Betäubungsmittels juristisch belangt zu werden. Überdies ist der anhaltende Konsum stärker funktionsorientiert als

---

[30] Vgl. Freitag, Marcus; Hurrelmann, Klaus (Hrsg.): Illegale Alltagsdrogen. Cannabis, Ecstasy, Speed und LSD im Jugendalter. Weinheim, München: Juventa Verlag 1999, S. 24
[31] Tossmann, Hans-Peter: Haschisch. Lebensprobleme und Drogenabhängigkeit; ein Ratgeber für Eltern und Jugendliche. 2., verb. Auflage. Weinheim, Berlin: Quadriga Verlag 1996, S. 174
[32] Vgl. Freitag/Hurrelmann (1999), S. 27
[33] Ebd., S. 175

Gelegenheitskonsum. Negative Gefühle wie Anspannungen und soziale Hemmungen sollen überwunden und das eigene Wohlbefinden reguliert und stabilisiert werden.[34] Auffällig ist das unsoziale Verhalten als Folge von täglichem Konsum wie beispielsweise Unpünktlichkeit. Des Weiteren weisen Gewohnheitskonsumenten niedrige Werte der Leistungsorientierung auf und haben öfter Schwierigkeiten in der Schule oder der Ausbildung. Auf die psychische Abhängigkeit wird im folgenden Kapitel näher eingegangen.

V Langfristige Auswirkungen

5.1 Langfristige psychische Konsequenzen

Eine pauschale Antwort auf die Frage, ob sich Cannabis langfristig auf die psychische Gesundheit Jugendlicher auswirkt, gibt es nicht. Studien von Kleiber und Kovar zufolge gibt es keinen Zusammenhang zwischen Cannabiskonsum und der Verschlechterung der psychischen Gesundheit bzw. des psychischen Wohlbefindens.[35] Stark problembehaftete Jugendliche konsumieren besonders viel Cannabis, wobei keine Belege dafür gefunden wurden, dass die Substanzwirkung ihre psychische Situation verschlechtert. Vielmehr konsumieren sie, „um Anspannungen abzubauen, das eigene Wohlbefinden zu regulieren oder Langeweile entgegenzuwirken"[36]. Einige Forscher haben sogar Hinweise darauf gefunden, dass Cannabiskonsum auch positive psychische Konsequenzen haben kann. Demnach kann der Konsum von Cannabis eine problembewältigende oder sogar eine persönlichkeitsfördernde Funktion bekommen, weil sein Gebrauch ähnlich wie andere jugendtypische Freizeitaktivitäten eine selbstwertsteigernde Funktion haben kann.[37]

Bei einer Beurteilung der längerfristigen Auswirkungen muss immer berücksichtigt werden, welche Funktion Cannabis für den Jugendlichen erfüllt. So sind psychische Konsequenzen eines längerfristigen Cannabiskonsums immer in Abhängigkeit von den verschiedenen Konsummustern zu betrachten.[38] In der Literatur findet man keine

---

[34] Vgl. Von Berg (2003)
[35] Vgl. Kleiber/Kovar (1998), S. 119
[36] Ebd., S. 119
[37] Vgl. ebd., S. 120
[38] Vgl. ebd., S. 103-121

differenzierte Betrachtungsweise der individuellen Konsequenzen einzelner Konsummuster. Weiterhin gilt es zu erwähnen, dass Konsum von Cannabis auch mit einer psychischen Störung, insbesondere einer drogeninduzierten Psychose, in Zusammenhang stehen kann.[39] Inwieweit der Konsum als Ursache oder eher als Folge eines Krankheitsbildes gesehen werden kann, wird im folgendem Kapitel erörtert.

Eine psychische Abhängigkeit ist von „einem starken psychischen Bedürfnis nach periodischem oder dauerndem Genug der Droge zu Erhöhung des Wohlbefindens"[40] gekennzeichnet. Mittlerweile ist wissenschaftlich fundiert, dass sich im Zusammenhang mit intensivem Konsum eine spezifische Form der Abhängigkeit entwickeln kann, diese aber keinesfalls zwangsläufig ist. Liegt eine Abhängigkeit von Cannabis bei einem Jugendlichen vor, wird diese vielmehr „aus vorab bestehenden psychischen Stimmungen und Problemen"[41] als aus den pharmakologischen Wirkungen der Droge erklärt. Demnach ist psychosozial vorbelasteten Jugendlichen vom Cannabiskonsum abzuraten. Außerdem ist eine Abhängigkeitsentwicklung abhängig von der Dosis, der Frequenz und der Dauer des Konsums, wobei besonders junge Erstkonsumenten anfällig sind.

5.1.1 Erfahrungsbericht

Anhand eines anonymisierten Fallbeispiels möchte ich eine Untersuchung einer durch Cannabis ausgelösten Psychose angehen.

In der Kindheit von Andreas Müller (Name geändert) deutet nichts darauf hin, dass er einmal mit psychischen Problemen konfrontiert sein würde. Er verbringt Zeit mit Freunden, geht ins Schwimmbad und feiert Fasnacht. Außerdem trainiert er dreimal pro Woche im Fußballverein. Verwandte mit einer psychischen Krankheit hat er nicht.

Mit sechzehn Jahren probiert Andreas mit einem Freund zusammen das erste Mal Cannabis aus Neugierde. Bald kifft er regelmäßig, mit Freunden oder alleine zu Hause. Als sich sein Sportverein auflöst, hat Andreas mehr freie Abende, in denen er Cannabis konsumiert. Immer öfter vernachlässigt er tägliche Aufgaben und hat keine Lust zu arbeiten. Er besteht die Lehrabschlussprüfung nicht und merkt nicht, dass er in

---

[39] Vgl. Van Treeck (1997), S. 73
[40] Kleiber/Kovar (1998), S. 255
[41] Ebd., S. 2

Schwierigkeiten steckt. Neben der Sucht entwickelt Andreas leicht paranoide Zustände. Wenn er unterwegs ist, denkt er Stimmen und Zurufe zu hören. In der Öffentlichkeit entgleitet ihm jegliche Kontrolle und er verhält sich sichtlich nervös.

Zwischen zwanzig und siebenundzwanzig Jahren kommt Andreas dreimal in eine psychiatrische Klinik. Grund sind Paranoia die ihn aggressiv werden lassen; er hatte Leute angeschrien und Sachen beschädigt. In der Klink führt er therapeutische Gespräche, in denen ihm geraten wird, den Konsum abzubrechen. Doch nach der Entlassung aus der Psychiatrie raucht Andreas wieder drei bis vier Joints am Tag. Seine Psychose verstärkt sich. Vier Monate in der Psychiatrie bekommt er die Diagnose, er sei chronisch-paranoid mit schizophrenen Zügen. Nach der Therapie hört er mit dem Kiffen auf. Heute ist Andreas seit zwölf Jahren clean und wohnt alleine. Er hat eine neue Psychiaterin und nimmt Medikamente, doch die Psychose ist trotzdem noch da. Andreas ist überzeugt davon, dass Cannabis seine Psychose geweckt hat: *„Das hat in mir geschlummert, durchs Kiffen ist es ausgebrochen"*, sagt er. [42]

5.1.2 Untersuchung einer Cannabis-Psychose

Wie bereits erwähnt, hat Cannabis eine zentrale dopaminerge Wirkung, welche in hohen Dosen psychotische Symptome wie paranoide Ideen, optische und akustische Halluzinationen und eine Derealisation zu Folge haben können. Neben diesen akuten, kurzfristigen Intoxikationspsychosen durch hohe Dosierungen von THC werden auch andauernde Psychosen durch Cannabis angeführt. Diese sogenannten Cannabis-Psychosen, die dem Krankheitsbild einer schizophrenen Psychose ähneln, sind zusätzlich durch zeitweise massive Angstzustände und wahnhafte Elemente geprägt.[43] Eine Psychose kann je nach Fall unterschiedlich ausgeprägt sein, bei Andreas ist die psychiatrische Erkrankung der Cannabis induzierten Psychose von gemischt psychotischen Zustandsbildern und Wahnvorstellungen gekennzeichnet. Genauso wie Andreas stellen Betroffene ihre Sicht der Dinge nicht infrage und halten unbeirrbar daran fest, selbst wenn ihre Wahnstimmung von Außenstehenden völlig irreal erscheinen.

---

[42] Vgl. Scheurer, Lynn: Wenn die Psychose nach dem Kiffen bleibt. In: Tages-Anzeiger 2013. <https://www.tagesanzeiger.ch/wissen/medizin-und-psychologie/Wenn-die-Psychose-nach-dem-Kiffen-bleibt/story/11680874> (04.05.19)
[43] Vgl. Topthema. Verursacht Cannabis Schizophrenie? In: drugcom.de 2017. <https://www.drugcom.de/topthema/verursacht-cannabis-schizophrenie/> (04.05.19)

Doch das Phänomen der „Cannabis-Psychose" wird in der Literatur kontrovers diskutiert und die Forschungslage, ob Cannabis zwangsläufig Psychosen auslöse, ist uneindeutig. Fest steht, dass Cannabiskonsum unter schizophrenen Menschen viel stärker verbreitet ist, als bei der übrigen Bevölkerung.[44] Der erste Psychoseschub von Andreas setzte ein, nachdem er regelmäßig und andauernd Cannabis konsumierte. Das allein reicht selbstverständlich nicht aus, um Cannabis sicher als einzige Ursache für das Ausbrechen des Krankheitsbildes nennen zu können. Eine weitere Erklärung wäre, dass psychose-gefährdete Jugendliche eine Vorliebe für Cannabis haben könnten; in dem Fall wäre der Konsum eine „Begleiterscheinung ohne ursächlichen Zusammenhang"[45]. Ein drittes Erklärungsmodell wäre, dass Cannabiskonsum nur bei Jugendlichen Psychosen auslöse, welche hierfür bereits anfällig sind. In diesen Fällen wäre Cannabis ein Risikofaktor, der einen Schub für eine unterschwellig vorhandene Psychose zum Ausbruch bringt. Besonders anfällig sind Jugendliche, die unter Störungen ihrer Identität, Ich-Schwächen und einem geringen Selbstwertgefühl leiden.[46] Dieses Phänomen wird durch die Rauschwirkung erklärt, da Cannabis als „Gefühlsverstärker" den Zerfall eines stark problembehafteten Jugendlichen fördern kann.[47]

Bisher gibt es keine eindeutige Antwort, welches dieser Erklärungsmodell tatsächlich zutrifft. Während viele Forscher Cannabis als einzige Ursache für Schizophrenie für unwahrscheinlich halten, ist letzteres Erklärungsmodell wissenschaftlich am besten belegt. Dafür spricht auch die Tatsache, dass junge Cannabiskonsumenten in der Regel ca. 2,7 Jahre früher an einer psychotischen Stärkung erkranken als Nicht-Konsumierende bei ihrem ersten psychotischen Schub.[48] Demnach ist davon auszugehen, dass Kiffen den Ausbruch einer Psychose zeitlich beschleunigt. Wer nach dem erstmaligen Ausbruch der Psychose weiter konsumiert, wie es bei Andreas der Fall war, bleibt länger in Behandlung und erleidet häufiger einen Rückfall in die Psychose.

---

[44] Vgl. Topthema. Verursacht Cannabis Schizophrenie? (2017), (04.05.19)
[45] Ebd.
[46] Vgl. Kleiber/Kovar (1998), S. 245
[47] Van Treeck (1997), S.74
[48] Vgl. Bundesministerium für Gesundheit (2018), S. 89 (04.05.19)

5.1 Psychosoziale Konsequenzen

5.2 Entwicklung eines amotivationalen Syndroms

Ein seit den 60er Jahren kontrovers diskutiertes Thema in Bezug auf Cannabis stellt der Begriff „amotivationales Syndrom" dar. Gemeint sind „Persöhnlichkeits-veränderungen im Antriebs-, Aktivitäts- und Leistungsbereich, die vor allem mit langanhaltendem Cannabiskonsum in Verbindung gebracht werden"[49]. Als Symptome gelten eine allgemeine Antriebsverminderung, ein reduziertes Durchhaltevermögen, ein Mangel an Zukunfts- und Leistungsorientierung sowie eine Gleichgültigkeit gegenüber Anforderungen im Alltag, Schule, Beruf, Elternhaus oder sozialen Bindungen. In der Literatur werden als mögliche Ursachen Rückschluss auf die psychischen Effekte der Droge gezogen. Cannabis kann in seiner sedativen Wirkung das Denken, Fühlen und Verhalten der Jugendlichen nachhaltig beeinflussen und die Bewältigung schulischer und sozialer Anforderungen erschweren.[50] Andere behaupten, drogenbedingte (neuro-)physiologische Veränderungen beeinträchtigten die Fähigkeit, „sich mit seiner Umwelt zielgerichtet und effektiv auseinanderzusetzen"[51].

Die These, regelmäßiger Konsum von Cannabis führe zwangsläufig zu einem anhaltenden Zustand verminderter Motivation, der über die Dauer des akuten Rauches hinaus anhält, kann bis heute nicht eindeutig belegt werden. Es wurden Untersuchungen durchgeführt, die Demotivationsphänomene bei konsumierten Jugendlichen erklären sollen. Studien, in denen zufällige Schüler- und Studentenstichproben untersucht wurden, zeigen, dass für den größten Teil von Cannabiskonsumenten keine geringere Leistungsmotivation besteht als bei Nichtkonsumenten.[52] Studien, die die deutlichsten Zusammenhänge zwischen Cannabiskonsum und einer Demotivation festzustellen scheinen, lassen wiederum zwei Erklärungsmöglichkeiten zu: einerseits könnten die betroffenen Personen eine depressiv vorbelastete Persönlichkeit aufweisen, wobei die verminderte Motivationslage eher die Folge von Depressionen als von Cannabiskonsum ist. Andererseits kann der mit Cannabiskonsum einhergehende Lebensstil Konsequenzen

---

[49] Kleiber/Kovar (1998), S. 185
[50] Vgl. ebd., S. 184
[51] Ebd., S. 184
[52] Vgl. ebd., S. 185

tragen. Cannabis wäre in diesem Fall vielmehr eine Folge alternativer Werte und Lebensstile wie die Ablehnung einer Leistungsgesellschaft seit Ende der 60er.[53] Keine dieser Erklärungsansätze kann mit Sicherheit bejaht werden. Studien, die den Einfluss solcher möglicher Effekte kontrolliert haben, stellen Cannabiskonsum nicht als eigenständige Ursache einer Demotivation dar.[54] Besonders langjähriger Konsum wirkt sich ungünstig auf die allgemeine Motivationslage aus.[55]

Neben der Untersuchung von schulischen und beruflichen Leistungen wurden als weitere mögliche soziale Folgen auch Besonderheiten in Bezug auf Partnerschaft und Familie überprüft. Dabei wurde festgestellt, dass Cannabiskonsum nicht das Risiko einer frühzeitigen Schwangerschaft erhöhe, aber mit einer verzögerten Übernahme von Erwachsenenrollen in Verbindung stehen kann. [56]

VI Fazit und abschließende Bewertung

Es zeigt sich, dass das Wirkspektrum von Cannabis sehr komplex ist. Kleiber und Kovar kommen in ihrer Arbeit über Konsequenzen des Cannabiskonsums zu der Feststellung, Cannabiskonsum besitze nicht die Gefährlichkeit, wie dies überwiegend angenommen wird.[57] Dennoch sind die potentiellen Auswirkungen des Konsums von Cannabis insbesondere durch Jugendliche nicht zu unterschätzen. Bezüglich körperlichen Risiken ist die Beeinträchtigung der Bronchialfunktion sowie das erhöhte Krebsrisiko in Verbindung mit starkem Nikotinrauchen zu nennen. Jugendlichen, die intensiv und früh Cannabis konsumieren gehen mit dem Konsum das Risiko ein, irreversible Hirnschäden zu erleiden, die wiederum kognitive Leistungseinschrän-kungen zu Folge haben können. Im Bereich der psychischen und sozialen Konsequenzen sind die zwar reversiblen, dennoch Stunden anhaltenden kognitiven und psychomotorischen Beeinträchtigungen bedeutend, da diese Jugendliche in ihrem Fahrvermögen und sicher auch die Leistungsfähigkeit in Schule und Beruf einschränken. Die Thesen, Cannabis stehe im Zusammenhang mit einem amotivationalen Syndrom und sei eine Einstiegsdroge, können als gegenwärtig nicht

---

[53] Vgl. Kleiber/Kovar (1998), S. 184, S. 246
[54] Vgl. ebd., S. 246
[55] Vgl. Topthema. Kann Kiffen ein amotivationales Syndrom auslösen? In: drugcom.de 2018 <https://www.drugcom.de/topthema/kann-kiffen-ein-amotivationales-syndrom-ausloesen/> (30.04.19)
[56] Vgl. Kleiber/Kovar (1998), S. 3
[57] Vgl. ebd., S. 252

belegt gelten. Das Gefahrenpotential des Cannabiskonsums durch Jugendliche besteht weniger in der Substanz Cannabis und ihrem Konsum selbst als vielmehr in der Kombination mit bestimmten Risikofaktoren wie psychischer Vulnerabilität, dem Einstiegsalter oder dem Lebensstil von Jugendlichen.

Darüber hinaus gibt es deutliche Hinweise, dass der Konsum von Cannabis bei Jugendlichen, die eine pessimistische Grundstimmung aufweisen, den Ausbruch einer Schizophrenie beschleunigt und die Wahrscheinlichkeit eines Krankheitsrückfalls erhöht. Außerdem wirkt sich THC-Konsum negativ auf den klinischen Verlauf einer Psychose aus. Demnach ist Jugendlichen, in deren Familie bereits eine Schizophrenieerkrankung auftrat oder selber psychische Probleme haben von dem Konsum von Cannabis abzuraten. Um weitere Risiken bezüglich des Cannabis-konsums einschätzen zu können, sind Konsummuster von großer Bedeutung. Hierbei gilt: Je regelmäßiger der Konsum und je früher das Einstiegsalter, desto größer ist das Missbrauchs- und Abhängigkeitsrisiko. Überdies spielen individuelle Motive und Funktionen sowie die psychische Grundsituation des Konsums eine Rolle.

Abschließend lässt sich sagen, dass Cannabis unbestritten ein Rauschgift ist, das Wahrnehmungsveränderungen und bestimmte körperliche Reaktionen auslöst. Die in der Politik diskutierte und mit der Legalisierungsdebatte verbundene Schrittmacher-funktion und amotivationale Syndrom lassen sich nach aktuellem Kenntnisstand nicht wirklich belegen. Gleichwohl muss man sagen, dass der Konsum von Cannabis bei Jugendlichen, bzw. jungen Erwachsenen keinesfalls als trivial bewertet werden kann, da sich einerseits bestimmte Organfunktionen in der Entwicklung befinden und andererseits belegt ist, dass der Cannabiskonsum bei Jugendlichen verdeckte psychiatrische Vorbelastungen zum Ausdruck bringt. Jugendliche sowie deren mangelndes Bewusstsein für die Gefahr der Droge haben ein besonders hohes Risiko, bleibende Schäden zu erleiden.

VII Anhang

Abbildung 1: Konsum bei Jugendlichen (12- 17 Jahre)

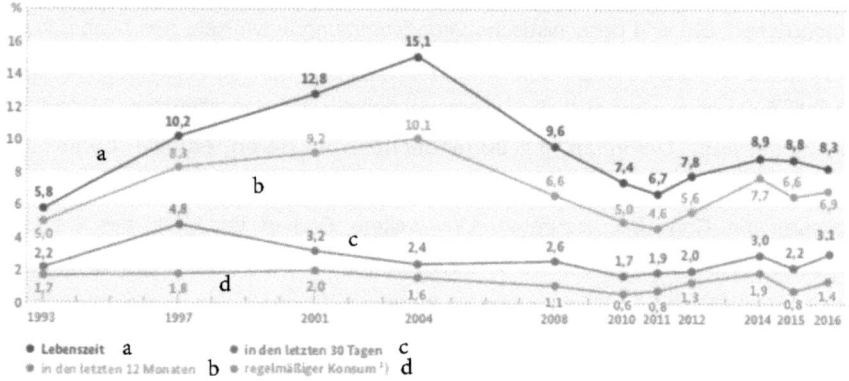

Konsum von Cannabis bei Jugendlichen (12–17 Jahre)

Abbildung 2: Konsum von Cannabis bei jungen Erwachsenen (18-25 Jahre)

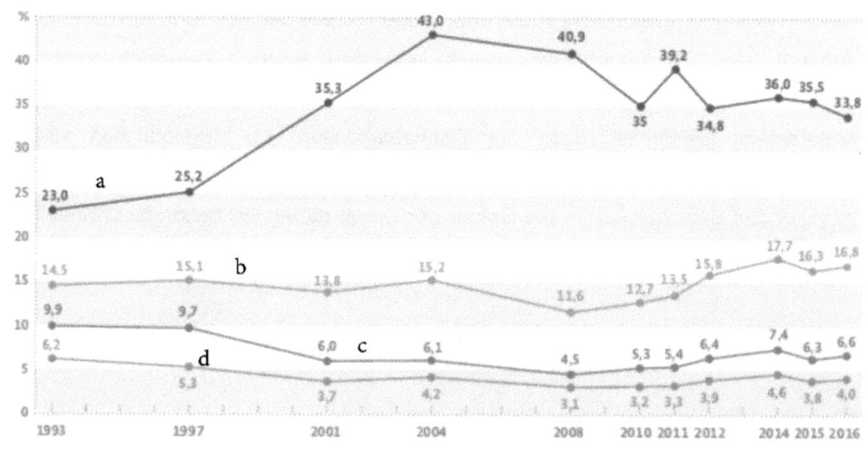

Konsum von Cannabis bei jungen Erwachsenen (18–25 Jahre)

VIII Literaturverzeichnis

Sachliteratur

- Freitag, Marcus; Hurrelmann, Klaus (Hrsg.): Illegale Alltagsdrogen. Cannabis, Ecstasy, Speed und LSD im Jugendalter. Weinheim, München: Juventa Verlag 1999

- Kleiber, Dieter; Kovar, Karl-Artur: Auswirkungen des Cannabiskonsums. Eine Expertise zu pharmakologischen und psychosozialen Konsequenzen. Stuttgart: Wissenschaftliche Verlagsgesellschaft mbH 1998

- Köhler, Thomas: Rauschdrogen und andere psychotrope Substanzen – Formen, Wirkungen, Wirkmechanismen. Stuttgart, Berlin, Köln: Kohlhammer 2000

- Tossmann, Hans-Peter: Haschisch. Lebensprobleme und Drogenabhängigkeit; ein Ratgeber für Eltern und Jugendliche. 2., verb. Auflage. Weinheim, Berlin: Quadriga Verlag 1996

- Van Treeck, Bernhard (Hrsg.): PARTYDROGEN. ALLES WISSENSWERTE ZU ECSTASY, SPEED, LSD, CANNABIS, KOKAIN, PILZEN UND LACHGAS. Berlin: Schwarzkopf & Schwarzkopf Verlag GmbH 1997

Internetquellen

- Bundesministerium für Gesundheit: Drogen- und Suchtbericht. Berlin 2018. <https://www.drogenbeauftragte.de/fileadmin/dateien-dba/Drogenbeauftragte/Drogen_und_Suchtbericht/pdf/DSB-2018.pdf> (04.05.19)

- Bundeszentrale für gesundheitliche Aufklärung: Der Cannabiskonsum von Jugendlichen als Herausforderung für die pädagogische Arbeit. Berlin 2007. <https://www.bzga.de/fileadmin/user_upload/PDF/themenschwerpunkte/suchtpraevention/arbeitshilfe_cannabis--cd12916f996f28ec84dc2e9a92be61c9.pdf> (27.04.19)

- Jiménez, Fanni: Diese Drogen werden in Deutschland am meisten konsumiert. In: welt.de 2017. <https://www.welt.de/gesundheit/article165805929/Diese-Drogen-werden-in-Deutschland-am-meisten-konsumiert.html> (01.06.19)

- Scheurer, Lynn: Wenn die Psychose nach dem Kiffen bleibt. In: Tages-Anzeiger 2013. <https://www.tagesanzeiger.ch/wissen/medizin-und-psychologie/Wenn-die-Psychose-nach-dem-Kiffen-bleibt/story/11680874> (04.05.19)

- Topthema. Cannabis stört die Hirnentwicklung Jugendlicher. In: drugcom.de 2017. <https://www.drugcom.de/topthema/cannabis-stoert-die-hirnentwicklung-jugendlicher/> (27.04.19)

- Topthema. Hirnveränderungen durch frühen Einstieg in das Kiffen. In: drugcom.de 2012. <https://www.drugcom.de/topthema/hirnveraenderungen-durch-fruehen-einstieg-in-das-kiffen/> (26.04.19)

- Topthema. Kann Kiffen ein amotivationales Syndrom auslösen? In: drugcom.de 2018. <https://www.drugcom.de/topthema/kann-kiffen-ein-amotivationales-syndrom-ausloesen/> (30.04.19)

- Topthema. Verursacht Cannabis Schizophrenie? In: drugcom.de 2017. <https://www.drugcom.de/topthema/verursacht-cannabis-schizophrenie/> (04.05.19)

- Von Berg, Tina: Cannabiskonsum. Auswirkungen und Risiken. 2003. <https://www.hausarbeiten.de/document/60377> (04.05.19)

- Wikipedia: Jugendstrafrecht (Deutschland). 2018. <https://de.wikipedia.org/w/index.php?title=Jugendstrafrecht_(Deutschland)&oldid=180538680> (31.01.19)